La Historia de M
The Story of Mexico
en Español
y en Inglés

Nancy Conkle, Eric Tomb,
Donna Neary, Elena López,
Diane de Avalle-Arce

Diego Rivera; Secretaria de Educación Publica, México

The war-god Huitzilopochtli directed the fierce Aztecs to build their island capital Tenochtitlán on Lake Texcoco around 1325. In the next two centuries they conquered most of modern Mexico. Life in the capital centered on the god's pyramid temple, where defeated warriors were offered as human sacrifices.

El dios-guerrero Huitzilopochtli ordenó a los feroces guerreros aztecas que edificasen su capital isleña Tenochtitlán en el Lago de Texcoco, hacia el año 1325. En los dos siglos siguientes conquistaron casi todo el México moderno. La vida de la capital se centraba en la pirámide del templo del dios, donde se sacrificaban los cautivos de la guerra.

HUITZILOPOCHTLI

As the Aztecs rose to power, they allied themselves with Nezahual-coyotl, who ruled the area east of Lake Texcoco. A poet and scholar, a strong believer in justice and opponent of human sacrifice, Nezahualcoyotl came to be regarded as the wisest of all Mexican rulers. But neither his influence nor that of the priests of the feathered-serpent god Quetzalcoatl could prevent the Aztecs from maintaining a near-constant state of warfare, largely to keep a steady supply of prisoners for sacrifice. Originally a Mayan wind and water god, Quetzalcoatl had supposedly departed from Mexico in 895. He was due to return, a bearded, white-skinned man, in 1519, when he would reclaim his territory and destroy his enemies.

Al crecer el poder de los aztecas, éstos se aliaron con Nezahualcoyotl, jefe de la región al este de Texcoco. Poeta y estudioso, partidario de la justicia y opuesto al sacrificio humano, Nezahualcoyotl era de los más sensatos gobernantes de México. Pero ni su influencia ni la de los sacerdotes de la serpiente con plumas, Quetzalcoatl, impedían que los aztecas mantuviesen un estado de guerra casi continua para conseguir cautivos para sacrificar. En su origen el dios maya de los vientos y las aguas, Quetzalcoatl desapareció de México, según se creía, in 895, Debía retornar, acaso, en forma de hombre blanco con barbas en 1519, para reclamar su tierra y destrozar a sus enemigos.

Genealogia de Mendoza Moctezuma,
Mus. Nac. de Antropología, México

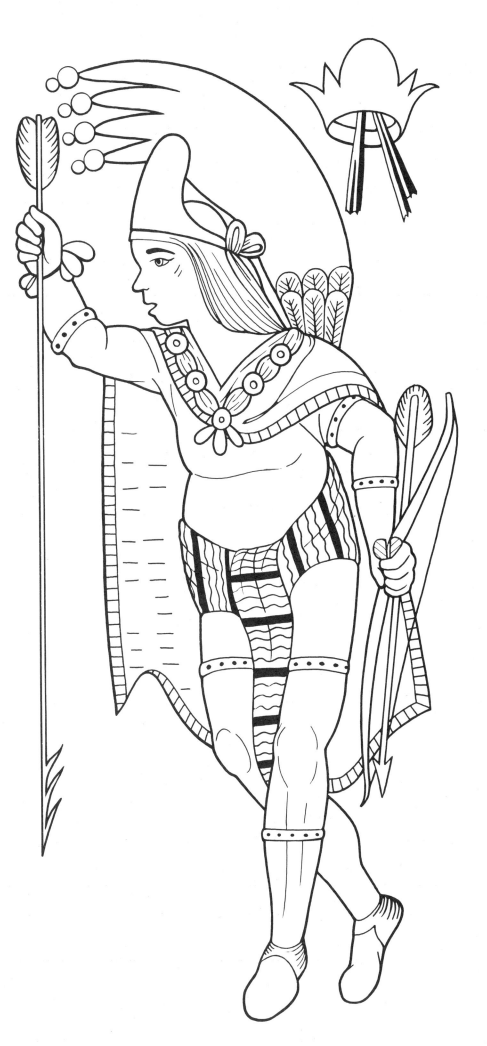

The sensitive and superstitious Moctezuma II, who became Aztec king in 1503, soon faced unnatural portents and unsettling news. A three-headed comet appeared over Tenochtitlán. The towers of Huitzilopochtli's temple burned to ashes. Bearded, white-skinned strangers landed on the Caribbean coast. He quickly concluded that the return of Quetzalcoatl was at hand.

Hist. de las Indias de la Nueva España de Fray Diego Durán

El sensible y supersticioso Moctczuma II, rey de los aztecas en 1503, se tuvo que enfrentar con portentos sobrenaturales y noticias inquietantes. Un cometa de tres cabezas apareció sobre Tenochtitlán. Las torres del templo de Huitzilopochtli se incendiaron. Forasteros, blancos y barbudos, desembarcaron en la costa del Caribe. Se concluyó de inmediato que se trataba del retorno de Quetzalcoatl.

Museo Nacional de Historia de México, Chapultepec, México

EL EXMO. SEÑOR DON FERNANDO CORTÉS
MARQUÉS DEL VALLE DE OAXACA
CONQUISTADOR DE NUEVA ESPAGNA

The son of an impoverished Spanish noble family, Cortés had come to the new World in 1504 to seek wealth and glory. Vowing to emulate the career of Alexander the Great, he had become one of the most important soldiers and officials first on Santo Domingo and then on Cuba. His recklessness and generosity had also made him extremely popular with the ordinary Spanish colonists; when the Cuban Governor Velásquez chose him to lead the expedition to Mexico, he had no trouble recruiting a company of devoted followers. Velásquez came to fear that this little army might prove too independent and tried to arrest Cortés before he could leave Cuba, but his fleet of ten vessels managed to slip away and reached the Mexican coast in March of 1519. There Cortés burned his ships to prevent any chance of retreat and began to make alliances with the Aztecs' enemies and dissatisfied subjects. A devout Catholic, he abolished human sacrifice and replaced the native idols with crosses wherever he conquered. Otherwise he accommodated himself to local customs, dealing peacefully with the tribes which cooperated with him and only using force when he met resistence. His horses, cannon and valiant army overcame several far larger native forces, then escaped an Aztec ambush in the mountains of the interior. His audacious advance was aided by Moctezuma's indecision. By the time Cortés and his company of 400 men reached Tenochtitlán, the Aztecs let them enter the city unopposed. He soon took Moctezuma prisoner and began to rule the empire in his name; with only minor losses, he had won for the king of Spain a seemingly endless supply of gold and converts to Christianity.

Hijo de familia española noble y pobre, Cortés pasó al Nuevo Mundo en 1504 buscando riqueza y fama. Juró igualar a Alejandro Magno y se hizo gran militar en Santo Domingo y en Cuba. Su generosidad y arrojo eran notorios entre los colonos españoles; cuando el gobernador de Cuba Velásquez le nombró para efectuar una expedición a México, no tuvo dificultad en reclutar voluntarios entusiastas. Velásquez llegó a temer la independencia del pequeño ejército e intentó prender a Cortés antes de partir; pero la flota de diez barcos consiguió zarpar. Arribó en la costa mexicana en marzo de 1519. Allí Cortés hizo quemar los barcos para imposibilitar la retirada, y entró en alianzas con los enemigos y súbditos malcontentos de los aztecas. Como católico devoto, abolió el sacrificio humano y puso cruces en lugar de las imágenes indígenas, pero aparte de eso, se acomodaba a las costumbres locales, cooperando con las tribus pacíficas y empleando la fuerza sólo cuando hallaba resistencia. Sus caballos, artillería y ejército vencieron fuerzas indígenas muy superiores, y evitaron una emboscada azteca en las montañas del interior. La osadía de su avanzada se aceleró con la vacilación de Moctezuma. Cuando Cortés y sus 400 soldados llegaron a Tenochtitlán, entraron libremente en la ciudad. Dentro de poco cayó prisionero Moctezuma y Cortés empezó a gobernar el imperio en su nombre; con pocas bajas había ganado para España oro sin tasa e innumerables conversos al Cristianismo.

By 1519 the Spaniards who crossed the Atlantic with Columbus and his successors had settled most of the islands of the Caribbean. Though they found little of the gold, spices and other riches they had expected there, they remained encouraged by reports of wealthier lands to the west. After an expedition under Juan de Grijalva reached the Mexican coast and confirmed the existence of the Aztec Empire, the Governor of Cuba dispatched Hernán Cortés with some 600 soldiers, sixteen horses and a dozen cannon to conquer the land. Though the horses and cannon overawed the Mexican natives, it was Cortés' shrewd diplomacy and audacious generalship which gave him victory over far superior forces.

Para 1519, los españoles que siguieron a Colón habían colonizado la mayor parte de las islas del Caribe. Aunque hallaron poco oro, especias y otras riquezas que ansiaban, rumores de tierras más ricas al oeste avivaban la esperanza. Después que la expedición de Juan de Grijalva llegó a la costa de México y confirmó la existencia del Imperio Azteca, el Gobernador de Cuba despachó a Hernán Cortés con unos 600 soldados, 16 caballos y una docena de cañones para conquistarlo. Aunque los caballos y cañones amedrentaron a los mexicanos, la diplomacia astuta y audacia guerrera de Cortés le sirvieron para derrotar fuerzas muy superiores.

copolco 3oimícca y̅ capitan.

Lienzo de Tlaxcala

Gran parte del éxito de Cortés se debía a sus valientes y atrevidos tenientes como Pedro de Alvarado, Gonzalo de Sandoval y Cristóbal de Olid. Pero quien más le ayudó en los primeros quisquillosos encuentros con los mexicanos era la mujer llamada La Malinche. Esclava y lingüista extraordinaria, facilitó el progreso de los españoles a Tenochtitlán y fue quien les advirtió de la emboscada de Cholula. Su interpretación fue clave de la primera entrevista entre Cortés y Moctezuma en el ancho puente sobre Texcoco a Tenochtitlán. Acompañó valerosamente al ejército español en las batallas por la ciudad, pero en siglos siguientes su nombre fue símbolo de traición a México.

Cortés owed much of his success to such valiant but reckless lieutenants as Pedro de Alvarado, Gonzalo de Sandoval and Cristóbal de Olid. But his most significant helper during the first touchy encounters with the native Mexicans was the woman known as La Malinche. Born speaking the Aztec language Nahuatl, sold into slavery to the Maya and then presented to the invading Spaniards, she was a gifted linguist who greatly eased his way from the coast to Tenochtitlán and warned him of the Aztec ambush at Cholula. She was especially helpful during Cortés's first meeting with Moctezuma on the magnificent wide causeways which crossed Lake Texcoco to Tenochtitlán. This was a scene she often revisited when she bravely accompanied the Spanish army during the final battles for the city. In later centuries she became a symbol of disloyalty to Mexico.

teçıquauhtıtlã

Lienzo de Tlaxcala

Red hair

Cortés había regresado a la costa para derrotar un ejército enviado tras él por Velásquez cuando su teniente Alvarado, en un acceso de pánico, hizo matar a miles de aztecas en Tenochtitlán. Los aztecas se sublevaron y echaron a los españoles de la capital en una noche terrible

—La Noche Triste—del 30 de junio, 1520. A Cortés le costó un año de lucha sangrienta recapturar lo que quedaba de la ciudad más magnífica de América, la cual entonces arrasó.

Cortés had returned to the coast to overcome an army Velásquez had sent after him when his lieutenant Alvarado panicked and massacred thousands of Aztecs in Tenochtitlán. The Aztecs rose and drove the Spaniards out of the capital on the dreadful night—la Noche Triste—of June 30, 1520. It took Cortés over a year of frightful battle before he and his native allies recaptured what was left of the most magnificent city in the Americas and then leveled it to the ground.

DON PEDRO DE ALVARADO

Mus. de Hist., Chapultepec, México

Cueva Del Rio

VIRREY DON

ANTONIO DE MENDOZA

Desconfiado de los conquistadores que le habían ganado a México, el emperador Carlos V envió a un hábil administrador, Don Antonio de Mendoza, como primer virrey de la Nueva España en 1535. Mientras se esforzaba en obtener el máximo de ganancia del nuevo reino, Mendoza hizo lo posible para vigilar las encomiendas y proteger los derechos de los indígenas.

Distrusting the motives of the conquistadores who had conquered Mexico for him, the Emperor Charles V sent one of his ablest administrators, Antonio de Mendoza, to be the first Viceroy of "New Spain" in 1535. While striving to maximize the emperor's revenues from his new realm, Mendoza did his best to regulate the encomiendas and protect the rights of the Indians.

AVE MARIA GRATIA PLENA

Museo Nacional de Historia de México, Chapultepec, México

LAS ENCOMIENDAS

Cortés premió a los suyos con grandes encomiendas pobladas de indios. Vivieron como señores feudales con mano de obra para edificar sus casas, cultivar el terreno y extraer el recién descubierto oro y plata.

Cortés rewarded his followers with large encomiendas or estates on lands taken from the Aztecs. There they presided like feudal lords over the Indians who built their houses, raised their crops and mined the newly discovered lodes of gold and silver.

Codice de Yanhuitlán

The encomenderos bitterly resented the Viceroys' regulations. In 1566 the Ávila brothers revolted and tried to declare Cortés's son Martín king of Mexico. They were beheaded after the rebellion failed; Martín's son Pedro and his descendents for the next 350 years stayed safely in Spain, never visiting the lands which provided their wealth.

Los encomenderos resintieron la autoridad de los virreyes. En 1566 los hermanos Ávila se sublevaron alzando por rey a Martín Cortés, hijo del conquistador. Fueron decapitados al fracasar la rebelión. Pedro Cortés, hijo de Martín, y sus descendientes, se refugiaron en España por los siguientes 350 años sin visitar la tierra donde sus fortunas originaron.

DON PEDRO DE CORTÉS

NIETO DEL CONQUISTADOR

TERCER MARQUES

DEL VALLE DE OAXAC

Hospital de Jesús, México

SOR JUANA INÉS DE LA CRUZ

Mexico City under the Viceroys may have been the most beautiful city in the Americas. In its artificial society, isolated from the toil of the native peasants, Spanish-born officials and wealthy creoles enjoyed a lavish, European-style existence. Juana Inés de la Cruz, the last great poet of the Spanish Golden Age, spent her youth as lady-in-waiting to the Viceroy's wife, gaining fame for her learning and the emotional delicacy of her verse. She became a nun in her late teens.

La Ciudad de México bajo los virreyes era la ciudad más bella de América. En su sociedad artificiosa, aislada de la labor de los indígenas, los oficiales españoles y los criollos ricos gozaron de una vida lujosa a la europea. Sor Juana Inés de la Cruz, última gran poeta del Siglo de Oro español, paso su juventud como dama de la virreina, afamada por su erudición y la delicadeza espiritual de su poesía. Ingresó al convento de joven.

Museo de América, Madrid

VIRREY
DON ANTONIO
BUCARELI Y URSÚA

As Spain's power declined after 1600, Mexico and the other Spanish colonies stagnated. But the Bourbon kings of the 18th century revitalized colonial administration with the appointment of viceroys like Bucareli, whose term of office (1771-79) was noted for its peace and prosperity. To counter Russia's advances along the Pacific, he encouraged the exploration and settlement of Upper California.

En la decadencia española después de 1600, México y las otras colonias se estancaron. Pero los Borbones del S.XVIII revitalizaron el sistema colonial nombrando virreyes como Bucareli, cuya administración (1771-79) fue notable por la paz y la prosperidad. Impulsó la exploración y colonización de Alta California para contrarrestar la expansión rusa.

White coat and neck piece; dark blue facings, collar, cuffs; red vest, white cross, gold edging; gold lace (braid), buttons, cane knob.

Museo Nacional de Historia de México
Chapultepec, México

DOÑA JOSEFA ORTIZ DE DOMINGUEZ

The liberal ideals of the American and French revolutions took hold in Mexico during the Napoleonic wars, when French troops deposed the Spanish king. A literary discussion group which centered around **corregidor** Dominguez of the city of Querétaro, his wife Josefa and local army officers toyed with the idea of a Spanish-Mexican union under a new king. The entry of Hidalgo, the priest of the nearby town of Dolores, into the group inspired them to plot rebellion. When the government tried to crush the conspiracy, doña Josefa warned Hidalgo and he proclaimed Mexican independence on September 16, 1810.

El liberalismo de la revolución norteamericana y la francesa arraigó en México durante las guerras napoleónicas, cuando cayó la monarquía española ante las tropas francesas. Una tertulia en casa del corregidor de Querétaro y su señora doña Josefa de Domínguez lanzó la idea de reunir México y España bajo nuevo rey. El cura de Dolores, el padre Hidalgo, les incitó a la rebelión. Cuando el gobierno quiso sofocar la conspiración, doña Josefa avisó al padre Hidalgo de modo que se proclamó la independencia mexicana el 16 de septiembre, 1810.

Museo Nacional de Historia de México, Chapultepec, México

Casi sesentón en 1810, el padre Hidalgo era ya partidario de los indígenas contra los españoles. Declaró ahora que no debían pagar tributos, desatando fuerzas que luego no pudo controlar. El grupito de Dolores creció a 50,000 cuando capturó Guanajuato. Hacia fin del año avanzó sobre la Ciudad de México, entonces sin defensas. Pero Hidalgo temió una matanza general, se echó atrás y perdió muchos seguidores. El gobierno central lo derrotó en Calderón, cerca de Guadalajara, en la primavera de 1811, y lo ejecutó ese verano.

Hidalgo was nearly sixty in 1810, and had long championed the rights of the Indians against the Spanish administration. Now he declared that they should no longer pay tribute—and unleashed a force he couldn't control. The small group he aroused in Dolores swelled to 50,000 as it captured the provincial capital of Guanajuato. Toward the end of the year it marched on defenseless Mexico City. But Hidalgo feared a bloodbath there, retreated and lost many of his followers. The central government defeated him at Calderón near Guadalajara in the spring of 1811 and executed him in the summer.

DON MIGUEL HIDALGO Y COSTILLA

José Clemente Orozco

The revolution didn't die with Hidalgo; guerilla leaders battled Spanish troops all over Mexico. Of these the short, modest priest Morelos was the ablest, most farsighted and most successful. By the end of 1813 he controlled most of southern Mexico and summoned a congress to write the constitution for a republican government. At the height of his power, Morelos's army suffered a surprise attack by Spanish troops under the young colonel Agustín de Iturbide. It quickly disintegrated and Morelos was captured and executed in 1815. But his ideas of social justice inspired Mexican revolutionaries for the next hundred years.

DON JOSÉ MARÍA

MORELOS Y PAVÓN

Black cap; dark blue coat with red collar, plastron (front), cuffs; gold lace (braid).

No murió la Revolución con Hidalgo. Se alzaron guerrilleros en todo México. El cura Morelos, pequeño y modesto, resultó el mas perspicaz, hábil y exitoso. Para fines de 1813 dominaba la mayor parte del sur y convocó un congreso para redactar una constitución republicana. En el cenit de su poder, Morelos sufrió una derrota por las tropas españolas bajo el joven coronel Agustín de Iturbide. Capturado Morelos, fue ejecutado en 1815. Pero su ideal de justicia social sirvió de inspiración durante un siglo.

Museo Nacional de Historia de México

Chapultepec, México

DON AGUSTÍN DE ITURBIDE, EMPERADOR DE MÉXICO

México ganó la independencia en 1821 cuando Iturbide, ahora general, de repente se pasó a los rebeldes. Momentaneamente abandonados los ideales de Hidalgo y de Morelos, los guerrilleros esperaban que una república constitucional les permitiría continuar la lucha. Pero en 1822 Iturbide se proclamó Emperador.

White miniver and ermine hood; scarlet robe with golden eagles; gilt lace (braid), buttons, sash end, buckle; blue sash.

Mexico finally gained independence in 1821 when Iturbide, now a general, suddenly allied himself with the rebels. Though it meant temporarily abandoning the social goals of Hidalgo and Morelos, the guerilla leaders hoped that a consitutional republic would allow them to continue their struggle. But in 1822 Iturbide let himself be proclaimed Emperor of Mexico.

Iturbide's Empire was splendid but insolvent and it lasted less than a year. When Antonio de Santa Anna proclaimed a republic in 1823, the old guerilla leaders joined in, Iturbide abdicated and fled abroad. He was shot when he tried to return.

El imperio de Iturbide fue espléndido pero insolvente y no duró un año. Antonio López de Santa Anna declaró la República en 1823, los antiguos guerrilleros se le juntaron, e Iturbide tuvo que abdicar y refugiarse en el extranjero. Al intentar regresar fue fusilado.

OÑA ANA MARÍA HUARTE

DE ITURBIDE

EMPERATRIZ DE MÉXICO

Museo Nacional de Historia de México

Chapultepec, México

Hidalgo's
Standard of Our
Lady of Guadalupe, Sept.
16, 1810 White Field, gold
crown, blue robe, red gown,
gold rays on yellow-red nimbus.
Red and pink roses.

Estandarte de Hidalgo de Nuestra Señora de Guadalupe, 16 septiembre, 1810: campo blanco, corona de oro, manto celeste, vestido rojo, rayos dorados en nimbo anaranjado, rosas rojas y rosadas.

Iturbide's Flag of the Three Guarantees, May, 1821 Diagonal stripes from top: red (Union), green (Independence), White (Religion), gold crown; gold-red-gold stars.

La bandera de las Tres Garantías de Iturbide, 1813. Barras diagonales de izquierda a derecha: rojo (Unión), verde (Independencia), blanca (Religión); corona de oro, estrellas de oro, rojo, y oro.

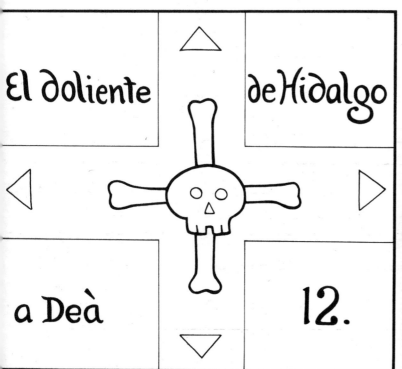

Estandarte de las tropas de Morelos: Campo rojo, cruz negra, calavera, huesos y triángulos blancos.
Standard of Morelos's Troops, 1813 Red field, black cross, white skull, bones & triangles.

National Flag of the Congress of the Mexican Republic (Morelos's), 1815 Blue and white squares red borders, brown eagle with gold crown, green nopal plant.

Bandera nacional del Congreso de la República de México (de Morelos), 1815. Un tablero de cuadros blanco y azul celeste; águila color castaño con corona de oro, nopal verde, borde rojo.

GUADALUPE VICTORIA, 1er PRESIDENTE DE LA REPÚBLICA MEXICANA

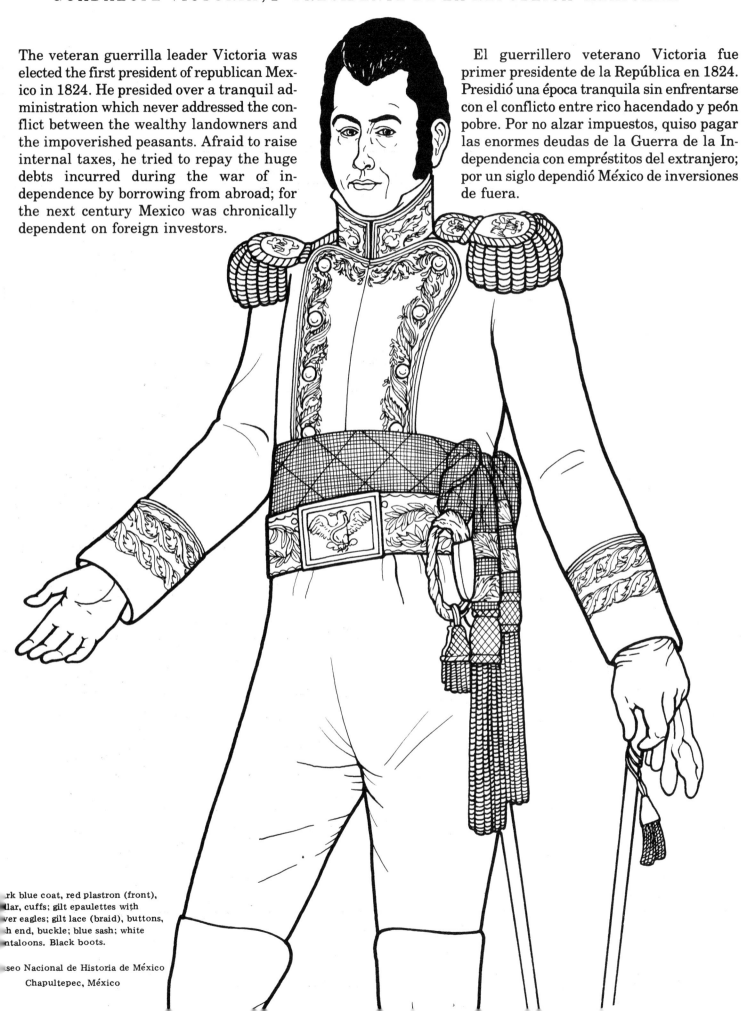

The veteran guerrilla leader Victoria was elected the first president of republican Mexico in 1824. He presided over a tranquil administration which never addressed the conflict between the wealthy landowners and the impoverished peasants. Afraid to raise internal taxes, he tried to repay the huge debts incurred during the war of independence by borrowing from abroad; for the next century Mexico was chronically dependent on foreign investors.

El guerrillero veterano Victoria fue primer presidente de la República en 1824. Presidió una época tranquila sin enfrentarse con el conflicto entre rico hacendado y peón pobre. Por no alzar impuestos, quiso pagar las enormes deudas de la Guerra de la Independencia con empréstitos del extranjero; por un siglo dependió México de inversiones de fuera.

rk blue coat, red plastron (front),
dar, cuffs; gilt epaulettes with
ver eagles; gilt lace (braid), buttons,
h end, buckle; blue sash; white
ntaloons. Black boots.

seo Nacional de Historia de México
Chapultepec, México

Así no se solucionaban los conflictos internos. En 1827 hubo otra sublevación conservadora encabezada por el vice-presidente. Vicente Guerrero, héroe de la Independencia, venció a los rebeldes y se presentó de candidato a presidente en 1828. A pesar de su popularidad, perdió al conservador Gómez Pedraza, secretario de guerra, cuya posición influyó en la votación. Guerrero subió al poder después de una insurrección a su favor promovida por Santa Anna. La administración de Guerrero acabó, principalmente por falta de apoyo por parte de Santa Anna, con la rebelión del vice-presidente conservador. Guerrero fue ejecutado en 1831, pero después le honraron poniendo su nombre a un estado.

Dark blue coat, red plastron, collar, cuffs; gilt epaulettes, silver eagles; gilt lace, buttons; white pantaloons; blue sash; black belt; green-white-red flag.

But Mexico's internal conflicts could not be borrowed away. In 1827 conservatives induced the vice-president to lead a rebellion against Victoria. Vicente Guerrero, another hero of the war of independence, defeated the rebels and then became a candidate for president in 1828. Though clearly the popular favorite, he lost out to conservative Gómez Pedraza, who used his position as secretary of war (to influence votes.) Guerrero only took office after Santa Anna led

(continued)

GENERAL VICENTE GUERRERO, PRESIDENTE DE LA REPÚBLICA MEXICANA

Museo Nacional de Historia de México, Chapultepec, México

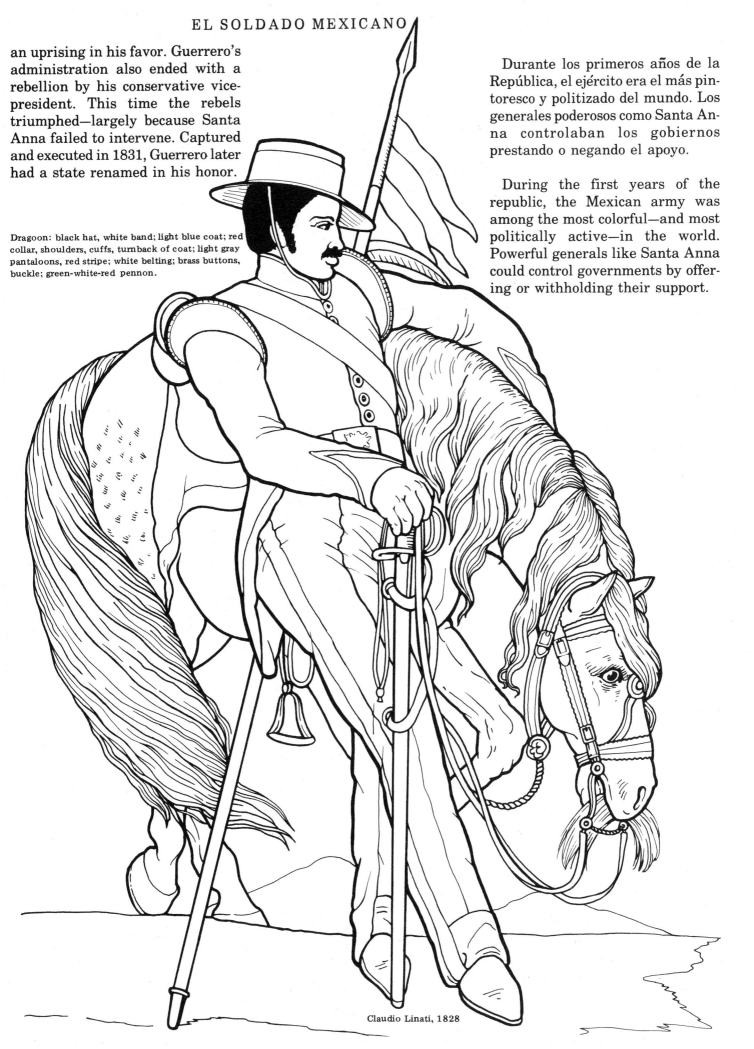

an uprising in his favor. Guerrero's administration also ended with a rebellion by his conservative vice-president. This time the rebels triumphed—largely because Santa Anna failed to intervene. Captured and executed in 1831, Guerrero later had a state renamed in his honor.

Dragoon: black hat, white band; light blue coat; red collar, shoulders, cuffs, turnback of coat; light gray pantaloons, red stripe; white belting; brass buttons, buckle; green-white-red pennon.

Durante los primeros años de la República, el ejército era el más pintoresco y politizado del mundo. Los generales poderosos como Santa Anna controlaban los gobiernos prestando o negando el apoyo.

During the first years of the republic, the Mexican army was among the most colorful—and most politically active—in the world. Powerful generals like Santa Anna could control governments by offering or withholding their support.

Claudio Linati, 1828

Styling himself the "Napoleon of the West," Santa Anna dominated Mexican politics for thirty years, sometimes ruling openly as president, other times working through pliable figureheads. He rebounded again and again from such humiliating defeats as the battle of San Jacinto (1836), which gave Texas independence from Mexico.

Llamándose "el Napoleón del Oeste", Santa Anna dominó la política durante treinta años, con o sin título de presidente. Rebotaba trás cada humillación, como la batalla de San Jacinto (1836), cuando Tejas se independizó de México.

Museo Nacional de Historia de México, Chapultepec, México

Dark blue coat; red plastron, collar, cuffs; gilt epaulettes with silver eagles; gilt lacing, buttons; black neck piece.

Juan Cordero, 1855

Santa Anna legó a México la magnificencia y a veces la gloria, pero nunca la estabilidad. Poco después de su caída en 1854, el país ardió en guerra civil.

DOÑA DOLORES
TOSTA DE
SANTA ANNA

Santa Anna gave Mexico ceremony, magnificence and occasional glory, but no stability. Soon after he was ousted for good in 1854, the country fell into civil war.

The Republicans, who wanted to abolish the priveleges enjoyed by the clergy, the army and the large land-owners, centered around Juárez, the full-blooded Indian who became president in 1858.

Los republicanos, queriendo abolir los privilegios del clero, el ejército y los hacendados, se centraron en Juárez, el indio zapoteca presidente en 1858.

Diego Rivera

BENITO JUÁREZ, PRESIDENTE DE LA REPÚBLICA MEXICANA

The continuing unrest, later known as the War of the Reform, led Mexico's foreign creditors, especially Britain, France and Spain, to intervene in 1861. Although the Mexican army won an important battle on May 5, 1862 (now celebrated as the national holiday), the foreigners gradual-

Dada la inestabilidad continua de México en la guerra de la Reforma, los países acreedores, especialmente Inglaterra, Francia y España, decidieron intervenir en 1861. A pesar de la victoria mexicana (conmemorada como fiesta nacional) del cinco de mayo 1862, los forasteros

Posada

To rule Mexico, the French picked Maximilian, the younger brother of the Austrian Emperor. Generous and idealistic, Maximilian believed that the Mexican people had chosen him as their ruler and vowed to bring justice and equality to his adopted land. His policies were actually closer to those of Juárez and the liberals than to those of the conservatives who had thought they could control him.

MAXIMILIANO
EMPERADOR DE
MÉXICO

Museo Nacional de Historia de México
Chapultepec, México

Los franceses escogieron para México a Maximiliano, hermano menor del Emperador de Austria. Generoso idealista, se creía elegido por el pueblo y juró llevar justicia e igualdad a su país adoptivo. Su política, en realidad, se acercaba más a la de Juárez y los liberales que a los conservadores; aunque éstos creían que Maximiliano les serviría.

Dark blue uniform; gilt epaulettes; red-green-red sash
black boots; black and gilt edged saddle and blanket;
white horse.

After he reached Mexico City in June, 1864, Maximilian discovered that his only real support came from conservative Mexicans, the French army and his wife, the Belgian princess Carlotta. Carlotta adored her husband and constantly urged him to assert the greatness she felt he embodied. She went insane desperately trying to raise support for Maximilian in Europe after the French decided to withdraw their troops.

Al llegar a la Ciudad de México en junio de 1864, Maximiliano descubrió que su único apoyo consistía en los conservadores, el ejército francés, y su esposa la princesa belga Carlota. Ella adoraba a su marido y le urgía mostrar la grandeza que le atribuía. Se volvió loca mientras buscaba vanamente en Europa ayuda para sustituir a los franceses cuando se retiraron las tropas.

CARLOTA VICTORIA, EMPERATRIZ DE MÉXICO

Maximiliano bien pudo haberse retirado también con los franceses, pero entre el honor personal y el amor de su nuevo país, luchó hasta el final. El ejército de Juárez lo capturó en mayo de 1867 y lo ejecutaron un mes más tarde.

Maximilian could easily have left Mexico with the French army, but his sense of personal honor and his love of his new realm made him fight to the end. Juárez's army captured him in May, 1867 and executed him one month later.

After the defeat of Maximilian, Juárez ruled a Mexico united around liberal principles. But the liberals had already begun to split into personal factions before Juárez died of a heart attack in 1872. In 1876 the powerful general Díaz revolted and assumed the presidency. He controlled the country with little serious opposition for the next thirty-five years.

Después de la derrota de Maximiliano, Juárez gobernó un país unido bajo principios liberales. Pero aun antes de su muerte de un ataque cardíaco en 1872, el partido liberal empezaba a desmoronarse en facciones. En 1876 Porfirio Díaz efectuó un golpe de estado y se mantuvo en el poder por treinta y cinco años casi sin oposición.

EL GENERAL PORFIRIO DÍAZ

Dark blue uniforms; gilt braid, buttons, medals; red-white-green ribbons

Mientras Juárez representaba la democracia y el desarrollo económico, Díaz optó por la expansión económica por medio de la estabilidad de la dictadura. Se mantenía en el poder atrayendo capital extranjero, manipulando al clero y los hacendados, y dominando el ejército y la policía. El campo estaba bajo los rurales, expertos en suprimir el bandolerismo, porque los más eran ex-bandoleros. Sin restricciones constitucionales, los rurales aseguraban a ricos y extranjeros y mantenían al pueblo aterrado y desunido. Así Díaz pudo incrementar la inversión de fuera en minas, ferrocarriles y agricultura, mientras a la vez equilibraba el presupuesto nacional por primera vez desde la Independencia. Gozó el apoyo de una nueva clase, los funcionarios, los "científicos"; éstos pensaban gobernar al país de acuerdo con las nuevas teorías europeas y norteamericanas. A principios del siglo XX parecía que el autoritarismo y la administración científica juntos habían roto la cadena de golpes y revoluciones, poniendo a México en el camino a la prosperidad.

Whereas Juárez had stood for democracy and economic development, Díaz preferred to promote economic growth through the stability of a dictatorship. He kept in power by wooing foreign investors, manipulating the native clergy and landowners and keeping firm control of the army and police. The Mexican countryside fell under the sway of the colorful *rurales* (rural police), who were especially adept at suppressing banditry because many of them were ex-bandits themselves. Freed from most constitutional restrictions, the *rurales* made life safe for foreigners and wealthy Mexicans while keeping the Indian peasants in fear and disunity. These policies allowed Díaz to greatly increase foreign investment, especially in mining, railroads and commercial agriculture, while he also balanced the national budget for the first time since independence. They also won the support of a new class of well-educated civil servants, the *científicos,* who believed that Mexico should be ruled according to the latest discoveries of European and American science. By the beginning of the twentieth century it appeared that Díaz's combination of authoritarian rule and scientific administration had finally broken Mexico's recurrent pattern of revolutions and coups and placed the country firmly on the path to material prosperity.

Museo Nacional de Historia de México, Chapultepec, Méx

SEÑOR GENERAL DE DIVISIÓN
PORFIRIO DÍAZ
PRESIDENTE REELECTO

DE LA REPÚBLICA
Y LOS CIENTÍFICOS

David Siqueiros

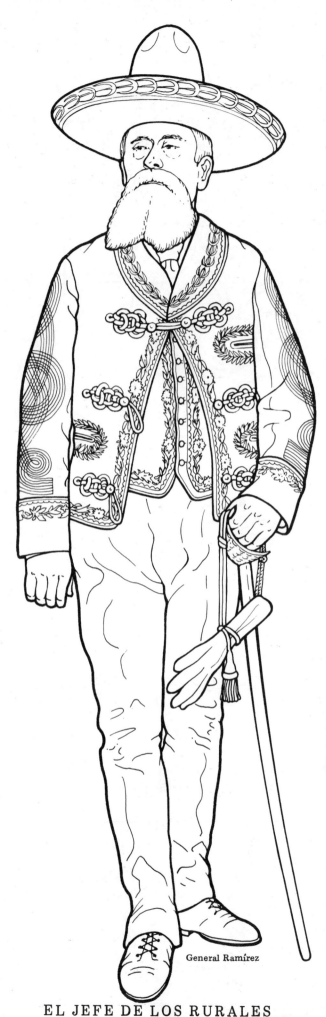

General Ramírez

Cabo de Rurales
Francisco Cárdenas

Pero los programas de los *científicos* aislaban el régimen de los peones que constituían la mayor parte del pueblo. Aunque mestizo él mismo y apenas letrado, Díaz llegó a identificarse con los hacendados e industriales, y con los capitalistas extranjeros. Su dictadura fue tan eficiente que no hubo oposición nunca. Sin embargo, cuando insinuó en 1909 que dimitiría y permitiría que partidos nuevos se presentasen, provocó otra revolución. Un modesto hacendado provinciano, un tal Francisco Madero, le tomó la palabra inscribiéndose como candidato de oposición. El ochentón Díaz, que sólo había convocado elecciones para el centenario de la Guerra de la Independencia, metió a Madero en la cárcel y se adjudicó todos los votos. Puesto en libertad bajo fianza, Madero escapó a Texas y se declaró en rebelión.

But the policies of the *científicos* had also isolated Díaz's regime from the mostly Indian peasants who made up most of the Mexican population. Though partly Indian and barely literate himself, Díaz came more and more to identify with wealthy landowners and industrialists and with foreign investors. His dictatorship was so efficient that no opposition party even existed. Yet when he hinted in 1909 that he might retire and allow a new party to campaign for the presidency, he unwittingly unleashed a revolution. A meek provincial landowner named Francisco Madero took him at his word and became the candidate of the opposition. The eighty-year-old Díaz, who had timed the election to coincide with the centenary of the War of Independence, imprisoned Madero and rigged the vote to give himself a landslide victory. Released on bail, Madero slipped into Texas and declared an insurrection.

EL JEFE DE LOS RURALES

Para luchar contra la dictadura las mujeres tomaron las armas.

The Revolution, which seemed to have triumphed when Obregón became president in 1920, was hard to sustain. The Constitution guaranteed the rights of women, workers, Indians and other previously oppressed groups which had fought for it. But Mexico needed stability almost as much as reform. For the next seventy years the official government, which controlled the ballot-boxes through both legal and extra-legal means, assured an orderly succession of fairly honest, fairly colorless presidents.

La Revolución pareció haber triunfado con la presidencia de Obregón en 1920, pero era difícil de sostener. La Constitución garantizó los derechos de la mujer, el obrero, el indio, y otros grupos oprimidos que habían luchado por la Revolución. Pero hacía tanta falta la estabilidad como la reforma. Por setenta años un partido oficial controló la votación de manera eficaz, asegurando el orden y la sucesión de presidentes mediocres y pasablemente honrados.

María Chavarría,
Colonela Zapatista

UNA MUJER REVOLUCIONARIA

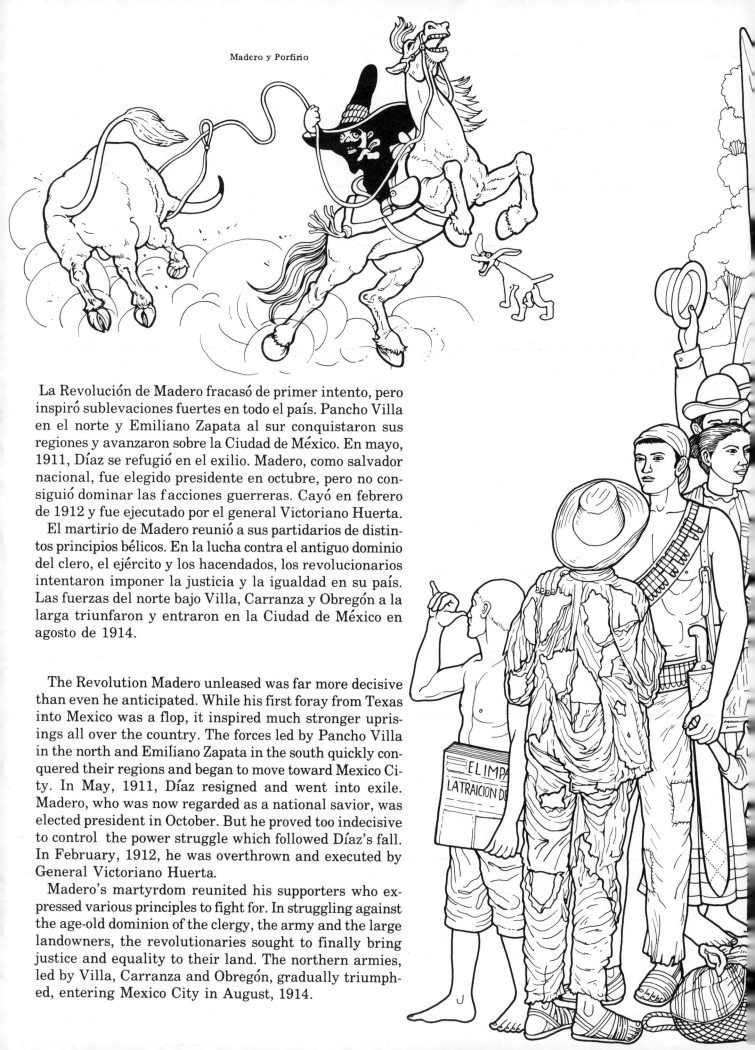

Madero y Porfirio

La Revolución de Madero fracasó de primer intento, pero inspiró sublevaciones fuertes en todo el país. Pancho Villa en el norte y Emiliano Zapata al sur conquistaron sus regiones y avanzaron sobre la Ciudad de México. En mayo, 1911, Díaz se refugió en el exilio. Madero, como salvador nacional, fue elegido presidente en octubre, pero no consiguió dominar las facciones guerreras. Cayó en febrero de 1912 y fue ejecutado por el general Victoriano Huerta.

El martirio de Madero reunió a sus partidarios de distintos principios bélicos. En la lucha contra el antiguo dominio del clero, el ejército y los hacendados, los revolucionarios intentaron imponer la justicia y la igualdad en su país. Las fuerzas del norte bajo Villa, Carranza y Obregón a la larga triunfaron y entraron en la Ciudad de México en agosto de 1914.

The Revolution Madero unleased was far more decisive than even he anticipated. While his first foray from Texas into Mexico was a flop, it inspired much stronger uprisings all over the country. The forces led by Pancho Villa in the north and Emiliano Zapata in the south quickly conquered their regions and began to move toward Mexico City. In May, 1911, Díaz resigned and went into exile. Madero, who was now regarded as a national savior, was elected president in October. But he proved too indecisive to control the power struggle which followed Díaz's fall. In February, 1912, he was overthrown and executed by General Victoriano Huerta.

Madero's martyrdom reunited his supporters who expressed various principles to fight for. In struggling against the age-old dominion of the clergy, the army and the large landowners, the revolutionaries sought to finally bring justice and equality to their land. The northern armies, led by Villa, Carranza and Obregón, gradually triumphed, entering Mexico City in August, 1914.

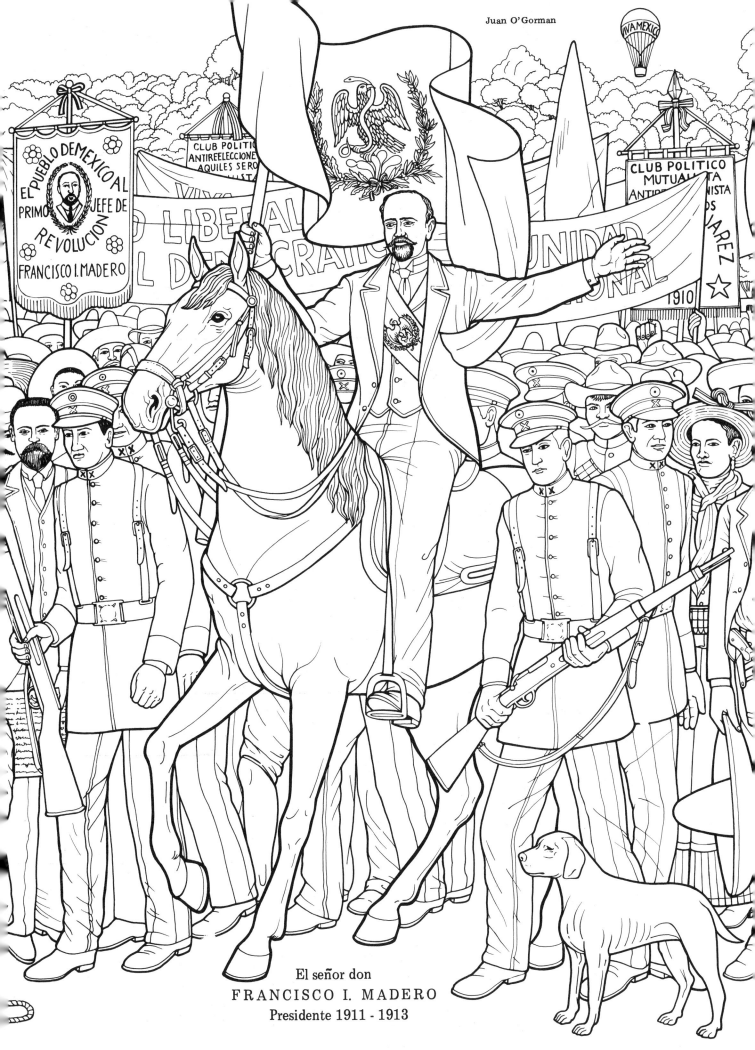

Juan O'Gorman

El señor don
FRANCISCO I. MADERO
Presidente 1911 - 1913

A. Quinteros

Villa era el más pintoresco y famoso entre los líderes del norte; su valor y su generosidad corrían a la par con su crueldad instintiva. Pero tenía más de bandolero que de político; después de una lucha desgarrada, se retiró al norte dejando la capital a Carranza y Obregón.

Villa was the most colorful, best-publicized of the northern leaders; his courage and generosity were only matched by his almost instinctive cruelty. But he was really more a bandit chieftain than a political leader. After a fierce struggle, he retreated northward and left the capital to Corranza and Obregón.

PANCHO VILLA, JEFE DE LA DIVISIÓN DEL NORTE

EL GENERAL
MILIANO ZAPATA
JEFE
E LA REVOLUCIÓN
EN EL SUR

Zapata, vencedor del te-
ritorio al suroeste de la
apital, se aproximaba más
l modelo de verdadero líder
opular. Al contrario de los
tros, no se enriqueció con la
uerra; se dedicaba por com-
leto a la causa de los
eones y la derrota de los
randes hacendados. Aun
espués de la Constitución
e 1917, que otorgaba más
erechos civiles que nunca
abían gozado los me-
icanos, Zapata continuaba
rgiendo reformas
adicales. Fue traicionado y
sesinado en 1919.

Zapata, who controlled the
erritory southwest of Mex-
co City, was the closest to
truly popular leader of all
he revolutionaries. Unlike
he others, he refused to
ake any personal gain from
he struggle and devoted all
is efforts to overthrowing
he wealthy landowners and
estoring the rights of the
ndian peasantry. Even
fter Carranza and Obregón
romulgated the Constitu-
ion of 1917, which granted
Mexicans more rights than
hey had ever enjoyed, he
ontinued to press for more
rastic reforms. He was
nally betrayed and
ssassinated in 1919.

En la década después de la muerte de Madero, generales poderosos se sucedieron en la presidencia de México. El régimen civil volvió en 1924 con la elección de Calles, cuya influencia duró más allá de su período presidencial.

El General
Victoriano Huerta
Presidente Provisional
1913 - 1914

El señor don
Venustiano Carranza
El Primer Jefe 1914,
Presidente Provisional
1915 - 1917, Presidente
1917 - 1920

Khaki uniforms

El General
Álvaro Obregón
Presidente 1920-24
y 1928

El General
Plutarco Elías Call
Presidente 1924-2

In the decade after Madero's death, powerful generals succeeded one another in the Mexican Presidency. Civilian rule returned with the 1924 election of Calles, who continued to dominate the government even after his term ended.

A. Beltran

Of all the post-revolutionary presidents, only Cárdenas, who served from 1934 to 1940, really tried to carry out the principles of the Constitution. He oversaw the largest redistribution of land in Mexican history, helped establish cooperative farms, gave more power to the labor unions and nationalized the foreign-owned oil companies. Though his successors did little to extend these policies, they benefited from the political and economic stability Cárdenas had created.

Entre todos los presidentes, sólo Cárdenas (1934-1940) abrazó los principios constitucionales de todo corazón. Supervisó la más grande redistribución de tierras en la historia mexicana hasta ese momento, apoyó la agricultura colectiva y los sindicatos, y nacionalizó la industria petrolera.

LÁZARO CÁRDENAS, PRESIDENTE DE LA REPÚBLICA 1934 - 1940

La fiebre revolucionaria se contagió a la música, la literatura, y sobre todo, a la pintura, en el renacimiento cultural mexicano del siglo XX. Entre los pintores, Diego Rivera, Orozco y David Siqueiros se hicieron famosos con sus pinturas murales de vehemente contenido político con la tierna evocación de la vida mexicana tradicional.

The revolutionary fervor spread into music, literature and especially painting as Mexico enjoyed a twentieth-century cultural renaissance. Among the painters Diego Rivera, José Orozco and David Siqueiros became famous for their ambitious murals, which often mixed strident political messages with a warm feeling for traditional Mexican life.

La compañera de Rivera, Frida Kahlo, fue pintora excepcional y una personalidad destacada. Mientras Rivera representaba y personificaba la historia mexicana, ella unía imágenes de su propia vida con elementos aztecas en yuxtaposición surrealista.

Rivera's wife Frida Kahlo was an outstanding painter—and a forceful personality—in her own right. Whereas Rivera often portrayed important events in Mexican history or symbolic representations of political issues, Kahlo tended to surrealistically unite episodes of her personal or public life with images from Aztec culture.

Diego Rivera

Honremos la memoria
de los Libertadores,
que llenan con su gloria
los fastos de otra edad.

Llenos de santos amores
sus vidas sacrificaron,
y por nosotros conquistaron
el bien mayor: ¡ la Libertad!

¡Qué ruda fue la brega
qué noble fue su empeño
para tornar un sueño
de gloria en realidad!

Todas, tras cruenta refriega,
su noble vida inmolaron,
pero muriendo nos legaron
el bien mayor: ¡la Libertad!

Secretaria de Educación Pública, México